JN450417

김병완의 결정책 시리즈 10부작 제9권

결정적 순간의 책읽기

인생의 결정적인 순간에 위기 대처
능력을 향상시켜 주는 책(冊) 읽기

김병완

플랫폼연구소

< 김병완의 결정책 시리즈 10부작 제9권 >

김병완의 결정적 순간의 책(冊) 읽기_9권
자신에게 지쳤을 때 _ 어제보다 나은 자신을 만들고 싶다면

인생의 결정적인 순간에 위기 대처 능력을 향상시켜 주는 책(冊) 읽기

" 나는 한 시간의 독서로 누그러들지 않는
어떤 슬픔도 알지 못한다."
- 몽테스키외 -

프롤로그_ 책은 인생을 밝혀주는 등불이다.

‘책을 잘 읽고 산다는 것은, 경이로운 세상에 눈을 뜨고 매일매일 세상과 나 자신의 잠재력에 대해 새로운 것들을 배우며 정신적으로 한 차원 높은 삶을 살아가는 것이다.’

<전략적 책읽기>의 저자 스티브 레빈의 이 말처럼 책을 잘 읽고 산다는 것은 자신의 한계를 훌쩍 뛰어넘어 한 차원 높은 삶을 살아가는 것이라고 말할 수 있다. 그런 점에서 책읽기는 기적을 창출해 내는 기적 그 자체이다.

책이 아니라면 우리는 과거에 살았던 수많은 현인의 지혜와 통찰력에 대해 알 수 없었을 것이고, 생각의 재료가 되는 지식을 축적하지도 못했을 것이며 생각의 계기가 되어 주는 역사와 이야기를 많이 접하지도 못했을 것이다.

부침이 많은 것이 바로 우리의 인생이다. 이러한 인생을 살아 나가다 보면 때로는 억장이 무너질 만큼 아프고 당황스럽고 어찌해야 할 바 몰라 발만 동동 구르면서도 아무것도 할 수도 없었고, 무엇을 어떻게 해야 하는지도 몰라서 더 힘들었던 시기를 경험하게 된다.

이 책은 바로 이러한 절체절명 위기의 순간 혹은 인생에 찾아오는 결정적인 순산에 꼭 읽어봐야만 하는 책들에 관한 이야기이다. 만약에 그 위기의 순간 혹은 결정적인 순간에 이 책을 읽었었더라면 좀 더 지혜롭고 의연하게 잘 대처해 나갔을 것이고, 그러한 조금의 차이는 긴 인생을 살면서 모이고 쌓여서 인생의 성공과 실패를 결정짓게 되는 중요한 차이가 되어 우리에게 보상해 줄 것이다.

그런 점에서 책을 읽으면서 살아가는 사람들과 책과 동떨어져서 살아가는 사람의 삶은 보이지 않는 큰 간격이 생길 수밖에 없는 것이다.

중요한 사실은 인류가 가진 부의 대부분을 소유하고 운용하고 있는 사람들은 후자가 아니라 전자들이며, 새로운 부를 창출해 내는 사람들도 또한 바로 그들이라는 점은 우리에게 책은 선택이 아니라 인생을 제대로 잘 살아가기 위해서는 꼭 필요한 필수 조건이라는 사실을 잘 보여주는 사례일 것이다.

위대한 발명가, 위대한 정치인, 위대한 대왕, 위대한 혁명가, 위대한 경영자, 위대한 방송인, 위대한 학자와 같은 위대한 인물 중에 책을 읽지 않은 인물들이 과연 있을까?

그렇다고 위대한 인물이 되기 위해서 책을 읽어야 한다고 말하는 것은 아니다.

이 책의 존재 목적은 버트런드 러셀이 한 말에 토대를 두고 있다.

" 내게 좋은 책을 알려주는 사람이 있었다면, 이렇게 오랜 시간에 걸쳐 시행착오를 하지 않았을 텐데 ...."

바로 이것이다. 당신에게 그것도 결정적 순간에 당신이 오랜 시간에 걸쳐 시행착오를 하지 않을 수 있도록 좋은 책을 알려 주는 것이다. 이것이 바로 이 책의 목적이다. 그렇기 때문에 이 책은 처음부터 끝까지 순서대로 읽어야 하는 그런 책이 아니다. 자신의 인생이 현재 직면하고 있는 상황에 맞추어 필요한 부분을 읽어서 자신이 처한 결정적 순간에 읽었을 때 가장 유익하고 도움이 되는 그런 좋은 책에 대해 알게 해 주는 그런 책이다.

책이 책을 읽는다는 말이 있듯이, 이 책은 또 다른 책을 읽게 만드는 그런 책의 구실을 톡톡

하게 해 낼 것이라고 믿는다.

책을 읽는다는 것은 인간만이 누릴 수 있는 특권이며 사치 중 사치라고 할 수 있다. 당신은 이러한 사치와 특권을 누릴 자격이 있다. 과거 중세 시대에는 최고의 특권층만이 책에 접근할 수 있었다는 사실을 생각해 보면, 지금 이 시대에 살고 있는 것만으로도 우리는 행복한 사람임에 틀림없다.

‘좋은 책을 읽는 것은 지난 몇 세기에 걸쳐 가장 훌륭한 사람들과 대화하는 것과 같다.’ 라고 말한 데카르트는 책의 위력과 유익함을 너무나 잘 알고 있었던 현인 중 한 명이었다. 당신도 이제 지난 몇 세기에 걸쳐 가장 훌륭한 사람들과 더 많은 대화를 나누는 그런 기회를 지금까지보다 더 많이 가져 보기를 바란다.

책은 인류가 힘겹게 오랜 시간 걸어오면서 쌓아 올린 사색의 결정체이며 인생을 밝혀주는 등불이다. 책은 궁지에 몰린 이에게는 새로운 돌파구를 발견할 수 있게 해 주는 돌파구이며, 어떤 시련과 역경도 헤쳐 나갈 수 있게 해 주는 원동력이다.

책은 비탄에 빠진 사람에게는 위안이 되며, 절망한 사람들에게는 용기가 되며, 방황하는 이들에게는 인생의 나침반이 되어 주며, 세상에 지친 이들에게는 오아시스가 되어 주며, 가난한 이들에게는 부자가 되는 길을 제시해 주고, 실패한 이들에게는 성공할 수 있는 길을 제시해 준다.

이런 이유와 근거를 토대로 필자는 장담할 수 있다.

" 이 세상에서 책을 읽는다는 것은 최고의 특권이며, 사치이며, 축복이다. "

목차

천재는 타고나는 것이 아니라 만들어진다.
< 열정과 기질 >
_ 하워드 가드너

우리는 모두 천재이며, 우리의 삶은 예술이다.
< 린치핀 >
_ 세스 고딘

에필로그 _ 책은 삶의 특권이며 최고의 사치이며 향락이다.

제9장. 자신에게 지쳤을 때 _ 어제보다 나은 자신을 만들고 싶다면

“ 결론은 자명하다. 지금 시대가 요구하는 인간상은 세로토닌형이다. 세로토닌적 삶을 살아가는 사람이다. 대체 어떤 사람이 세로토닌적 사람일까? 뒤에서 자세히 설명하겠지만 세로토닌의 3대 기능을 생각하면 쉽게 답이 나온다. 첫째. 공격성과 중독성을 잘 조절해 평상심을 유지하는 사람. 둘째, 주의 집중과 기억력 향상으로 창조적인 사람. 셋째, 생기발랄하고 의욕적인 행복한 사람. ” < [세로토닌하라!], 118쪽 >

" 보통 사람은 일상에 매여 평생을 산다. 일상은 우리에게 주어진 물리적 시간이며, 기억이며, 동시에 상상력의 테두리이다. 그것은 그저 '현실' 을 의미하지 않는다. 꿈이 없는 현실은 껍데기일 뿐이다. 나는 일상을 규정하는 테두리를 넓힘으로써 내 일상의 폭과 깊이를 바꾸어갈 수 있기를 열망한다. 열망은 마음속 깊은 곳에 욕망을 가지고 있기 때문에 생겨난다." < [익숙한 것과의 결별], 서문에서 >

‘ 가난한 사람은 글을 통해서 부유해지고, 부유한 사람은 글을 통해서 귀하게 되고, 어리석은 사람은 글을 통해서 어질게 되고, 어진 사람은 글을 통해서 이롭게 된다.’ – 왕안석 –

일평생 내가 행한 것으로 돌려받을 수 있는 것은 학문뿐이다.

< 학문을 권함 > _후쿠자와 유키치

“ 하지만 우리 인간 사회를 살펴보면, 착한 사람도 있고, 어리석은 사람도 있고, 가난한 사람이 있는 가하면 부자가 있으며, 신분이 높은 사람이 있으면 낮은 사람도 있어서, 그 실제로는 하늘과 땅처럼 차이가 있어 보인다. 왜 그럴까? [실어교(實語敎: 일본 에도 시대에 널리 읽혀진 수신서)]라는 책에 ” 사람이 배우지 아니하면 지혜가 없고, 지혜가 없는 자는 어리석은 사람

이다. “ 라는 말이 있는 것처럼 현명한 사람과 어리석은 사람의 구별은 학문에 힘을 쓰는가? 그렇지 않은가에 따라서 결정된다 하였다.”
< 13쪽 >

이 책은 지금의 일본을 만든 두 권의 책 중에 한 권이라고 평가받는 매우 유명한 책이다. 방황하는 일본의 젊은이들과 국민에게 서양문물과 서양학문을 배울 것을 권함으로써 부강한 일본을 이룩하게 해 준 바로 그 책이기 때문이다.

한 권의 책이 사람을 완전하게 바꾸어 놓을 수 있듯이 한 권의 책이 한 나라를 부강하게 만들어 놓았던 것이다. 이 책의 저자는 먼저 모든 인간은 평등한 권리를 가지고 태어났다고 말한다. 하지만 가난한 사람이 있고, 부자가 있고, 지혜로운 사람이 있고, 어리석은 사람이 있고, 신분이 높은 사람이 있고, 신분이 낮은 사람이 있는 것은 배움에 있어서 차이가 있기 때문이라고 말한다.

“ 하지만 우리 인간 사회를 살펴보면, 착한 사람도 있고, 어리석은 사람도 있고, 가난한 사람이 있는 가하면 부자가 있으며, 신분이 높은 사람이 있으면 낮은 사람도 있어서, 그 실제로는 하늘과 땅처럼 차이가 있어 보인다. 왜 그럴까? [실어교(實語敎: 일본 에도 시대에 널리 읽혀진 수신서)]라는 책에 ” 사람이 배우지 아니하면 지혜가 없고, 지혜가 없는 자는 어리석은 사람이다. “ 라는 말이 있는 것처럼 현명한 사람과 어리석은 사람의 구별은 학문에 힘을 쓰는가? 그렇지 않은가에 따라서 결정된다 하였다.” < 13쪽 >

신분의 귀천이나 빈부의 차이는 결국 배움에 대한 실천과 열의의 차이에서 비롯된다는 것이다. 남들이 잘 못 하는 어려운 문제들을 척척 해결해 내고 남들이 부러워하는 능력을 가지고 있고 학식 또한 뛰어난 사람들은 재산도 넉넉해지고, 성공도 하게 되고, 직위도 높아지게 되고, 명성도 얻게 된다. 하지만 그렇지 못한 사람들은 언제나 부러운 존재를 부러워만 하면서도 설대로 그렇게 될 수 없는 그런 존재로 머물러 있어야 한다. 이러한 근본적인 차이는 어디서 오는 것일까?

이 책의 저자는 이것 역시 배우려고 하는 의식과 갈망, 학문에 대한 실천 등이 있는가? 없는가에 따라 그에 합당한 사회적 신분과 대우와 빈부가 결정된다는 것이다. 그렇기 때문에 이러한 사회적 신분은 태어날 때 숙명적으로 부여받은 운명 같은 것이 절대 아니라고 한다. 속담에도 '신은 부귀를 인간 그 자체에 주는 것이 아니라, 그 사람의 활동에 대한 대가로서 주는 것이다.' 라는 말이 있듯이, 얼마나 학문에 힘을 써서 세상 돌아가는 이치를 잘 깨닫고, 그것을 실천했는지에 따라 빈부와 귀천이 결정된다는 것이다.

그래서 학문에 힘써 사물의 이치를 잘 깨달은 인간은 존경받고, 넉넉한 재산가가 되고, 귀해지지만, 학문이 없는 사람은 정신적, 물질적 어려움을 느끼게 되며, 보잘 것 없는 고된 삶을 살아가야만 하게 되는 것이라고 한다.

이 책의 저자는 학문함의 목적으로 자신의 지식과 견문의 범위를 넓히고, 그에 의해 사물의 도리를 바로 판단할 수 있는 힘을 길러, 인간으로서 사명을 깨닫는 것이라고 강조한다. 그리고 지식과 견문을 넓히기 위해서는 다른 사람의 가르침에 경청하고, 스스로 머리를 짜내며 책 읽는 것을 습관화해야 한다고 조언을 덧붙인다. 그런데 문자 그대로 문자를 읽는 것만이 학문의 전부라고 생각한다면 그것은 큰 착각이라고 말한다. 문자는 단지 학문을 하기 위한 도구에 지나지 않는 다는 사실을 강조한다.

그의 이러한 주장은 '글을 읽는다는 것과 책을 읽을 수 있다는 것이 별개의 것'이라는 중요한 사실과 일맥상통한 주장이다. 수많은 사람은 글자를 읽을 수 있다는 것, 문장을 읽을 수 있다는 것이 곧 독서를 할 수 있는 능력이라고 오해한다. 하지만 글자를 읽을 수 있는 능력은 제대로 된 독서를 할 수 있는 능력을 기르기 위해 필요한 가장 기초 능력 중에서도 일부분에 지나지 않는다는 사실을 우리는 알아야 한다. 115권의 책을 집필했던 위대한 천재 괴테는 다음과 같은 말을 한 적이 있다.

“대부분의 사람들은 읽는 방법(독서)을 배우는 데 오랜 시간이 걸린다는 사실을 모른다. 나는 8년이 걸렸고, 지금도 완전하다고 말할 수 없다.”

이 책의 저자도 역시 문자를 읽을 수는 있어도 사물의 도리를 모르는 자는 진정한 학자라고 할 수 없는 것이라고 말한다. 그래서 세상에는 ‘논어를 읽되 논어를 모른다.’ 라는 말이 존재하는 것이며, 이러한 경우를 두고 말하는 것이다.

[변신]의 저자인 프란츠카프카 역시 책을 읽는 것이 우리 안에 있는 꽁꽁 얼어버린 바다를 깨뜨려버리는 도끼와 같은 것이 아니라면 왜 책을 읽는 것인지 의아해 한다. 즉 그는 우리가 책

을 읽는다면 그것은 우리의 얼어버린 의식을 깨뜨릴 정도로 의식의 고양과 확장이 수반되어야 한다고 말한다.

또 한 이 책의 저자는 자신이 이 책을 통해 학문을 권하는 진정한 이유는 개인적인 차원을 뛰어넘어 한 국가의 국민으로서 국민의 의식과 실력이 정부와 견주어 뒤떨어지지 않을 정도까지 향상되지 않으면 그 나라에 전제정치가 횡행할 수 있기 때문이라고 말한다.

공부한다는 것은 이 책의 저자의 말대로 일평생 우리가 행한 대로 되돌려 받을 수 있는 유일한 것이라고 할 수 있다. 즉 공부는 우리를 배신하지 않는다. 공부를 한 만큼 우리는 반드시 성장하고 도약을 할 수 있게 된다.

필자가 좋아하는 송나라 재상 왕안석의 권학문에 보면 ‘가난한 사람은 글을 통해서 부유해지고, 부유한 사람은 글을 통해서 귀하게 되고, 어리석은 사람은 글을 통해서 어질게 되고,

어진 사람은 글을 통해서 이롭게 된다.' 는 구절이 나온다. 왕안석은 또한 같은 글에서 '독서에는 비용이 들지 않지만 만 배의 이익이 있다' 고 말했다.

우리가 우리 자신에게 지쳤다면, 그것을 극복할 수 있는 길 중에 하나가 자신을 넘어서는 것이라고 생각한다. 그렇다면 자신을 넘어설 수 있게 해 주는 최고의 방법은 공부를 하는 것이며 책을 읽은 것이라고 생각한다. 바로 이것이 자신에게 지친 독자들에게 이 책을 권하는 이유이다.

" 타인의 삶으로부터 나는 뛰어내렸다. 내가 되기 위해 나는 혁명이 필요했다."

– 구본형 –

어제의 나로 오늘을 살지 말라.

< 익숙한 것과의 결별 >

_ 구본형

“ 보통 사람은 일상에 매여 평생을 산다. 일상은 우리에게 주어진 물리적 시간이며, 기억이며, 동시에 상상력의 테두리이다. 그것은 그저 ‘현실’ 을 의미하지 않는다. 꿈이 없는 현실은 껍데기일 뿐이다. 나는 일상을 규정하는 테두리를 넓힘으로써 내 일상의 폭과 깊이를 바꾸어갈 수 있기를 열망한다. 열망은 마음속 깊은 곳에 욕망을 가지고 있기 때문에 생겨난다.” < 서문에서 >

우리가 우리 자신에게 지쳤다면 우리는 무엇을 어떻게 해야 할 까? 그저 지친 자신을 붙잡고 하루하루 조용한 절망을 하면서 살아가야 하는 것일까? 우리가 지쳤을 때 우리가 해야 할 일은 한 가지뿐이다. 우리를 지치게 만드는 그리고 앞으로도 지속적으로 지치게 만들 과거의 자신과 결별을 하는 것이다. 이 책은 바로 이런 사람들을 위한 책이다. 익숙해진 삶으로부터 결별을 선언하고 자기 자신을 혁명하고자 하는 사람들을 위한 책이다.

" 타인의 삶으로부터 나는 뛰어내렸다. 내가 되기 위해 나는 혁명이 필요했다."

문제는 우리가 우리 자신이 하고 싶은 일을 하게 되면, 가족을 제대로 먹여 살릴 수 없게 될 것이라고 하는 걱정 때문에 타인의 삶에서 뛰어내리는 것에 주저하게 된다는 것이다. 하지만 그것은 잘못된 깨달음에 불과하다고 이 책의 저자는 우리에게 말한다.

" '하고 싶은 일을 하다보면, 가족을 먹여 살릴 수 없다.' 는 잘못된 깨달음으로 우리를 몰아간 것은, 우리를 기존의 체제에 묶어 두고 통제하고 싶은 보이지 않는 사람들이었다. 그들은 세상이란 하고 싶지만 할 수 없는 일과 하기 싫지만 해야 하는 일로 이루어진 것이라고 말한다. 그들은 때때로 우리 부모의 모습으로, 선생의 얼굴로, 직장 상사의 이름으로, 그리고 친구의 한숨 섞인 충고로 우리를 설득시켜 왔다. 그들의 말을 타르는 것은 어쩌면 지금까지는 그런대로 무난한 처신이었는지도 모른다. 그러나 지금 우리는 '하기 싫지만 해야 하는 일' 을 하더라도 직장에서 내몰리고 있다. IMF 시기이기 때문이 아니다. 본질적으로 인간의 노동이 더 이상 중요한 생산 요소가 아닌 사회로 이행하고 있기 때문이다. " < 12쪽 >

우리가 알아야 할 사실은 오늘은 어제와 모든 것이 다르다는 사실이다. 즉 변화한다는 것이다. 변혁의 시대이기에 우리도 변화를 해야 한다는 것이 이 책의 일관된 주제이기도 하다. 우리가 우리 자신에게 지치는 가장 큰 이유는 어제와 별반 다를 바 없는 자기 자신 때문일 것이다. 변화가 가장 필요한 것은 바로 자기 자신임을 이 책은 우리들에게 일깨워 주고 있다.

이 책의 저자는 우리들에게 삶은 거창한 것이 아니기에, 지금 이 순간 자신이 희망하는 것, 좋아하는 것을 하고 있다면, 그것이 바로 '행복'이라는 단어를 떠올려도 좋을 것이라고 말한다. 당신이 지친 이유는 당신이 삶을 너무 거창하게 생각한 나머지 자신이 희망하고 좋아하는 일을 하기 보다는 의무나 소명을 너무 앞세웠기 때문일 것이다.

자신이 희망하고 좋아하는 일을 하고자 한다면 새벽에 일어나 한 두 시간을 그것에 몰입하는 것이 힘들지 않을 수 있다. 그래서 이 책의 저자는 새벽 시간을 잘 활용하라고 조언해 주고 있다. 새벽 4시나 5시 정도부터 두 시간 정도 시간을 내 하고 싶은 것을 하고, 그러고 나서 하루를 시작하라고 조언한다.

“ 하루에 여섯 시간에서 일곱 시간 정도 잘 자고 나면 잠이 부족하다는 생각은 없다. 새벽 4시나 5시 정도부터 두 시간 정도 시간을 내 하고 싶은 것을 하라. 그리고 하루를 시작하라. 하루가 길고 싱싱해진다. 일찍 시작했으니 일찍 잠자리에 들 수 있다. 이 모델은 바로 농경사회의 모델이다. 해가 뜰 때를 온몸으로 느끼며 일어나서 해가 지면 이른 저녁을 먹고, 먹은 것이 소화될 때 쯤 자리에 눕는다. 동물의 야생적 생체 시계에 맞추어 하루의 일상을 재편하는 것이다. “ < 348쪽 >

새벽 시간에 하루를 시작하는 것보다 더 중요한 조언은 우리의 욕망이 무엇인가를 관찰해 보라는 조언일 것이다. ‘나의 타오르는 욕망’ 은 무엇인가 라는 질문은 ‘나의 삶의 비전은 무엇인가’ 라는 질문과 다른 말이 아니라고 이 책의 저자는 말한다. 그래서 이것은 ‘나의 삶을 아름답고 멋있는 것’ 으로 만들어주는 것은 과연 무엇인가 라는 질문과 같다고 말한다.

당신의 삶을 아름답고 멋있는 것으로 만들어주는 바로 그것이 당신에게 타오르는 욕망이며 당신의 삶의 비전이라고 말하는 것이다. 당신에게 이것은 무엇인가?

불행이란 자신이 아닌 타인이 가치 있다고, 중요한 것이라고 인정해 주는 무엇인가를 행복으로 조건으로 생각할 때 찾아온다고 한다. 그래서 타인과 세상이 중요하다고 보편적으로 인정하는 돈이나 직장이나 커다란 집이나 고급 자동차를 가지지 못하게 되면 바로 그것 때문에 자신이 불행하다고 생각하게 되고, 삶은 그만큼 더 불행하게 되는 것이다. 하지만 타인이 아닌 자신의 욕망을 행복의 조건으로 생각하는 사람은 타인과 비교하지 않게 되고, 자신만의 길을 선택하고 그 길을 당당하게 갈 수 있게 된다.

바로 이런 이유에서 자신의 욕망, 자신이 하고 싶은 것, 자신만의 비전이 중요한 것이다. 결국 이 책에서 말하는 익숙한 것과의 결별에서 익숙한 것은 자신의 욕망을 억누르고 타인이 원하는 욕망을 쫓아가며 살아가는 삶인지도 모른다. 하지만 우리를 행복하게 하는 것은 자신의 욕망의 성취인 것이다.

“ 진정한 욕망의 성취는 우리를 행복하게 한다. 행복한 사람은 싸움을 좋아하지 않는다. 그들은 전쟁광이 되어 사람을 학살하지 않는다. 행복한 아내는 남편과 아이들에게 욕설을 퍼붓지 않는다. 행복한 아이는 다른 아이를 방해하지 않으며 괴롭히지도 않는다. 행복한 사람이 도둑질을 하거나 살인을 하거나 강간을 한 일은 없다.” < 261쪽 >

이 책의 저자는 우리가 아름다운 욕망에 자기의 가능한 시간을 쏟아붓기 위해서는 다른 일상의 욕망을 절제해야 한다고 말한다. 최소한 하루 두 시간 이상을 자신의 아름다운 욕망을 위해 투자하라고 한다. 그것은 스스로 자신의 욕망을 희생하고, 하늘이 준 재능을 버림으로써 삶을 낭비하는 것은 가장 비참한 것이며 다른 사람에게 자신의 인생을 파는 것과 다를 바 없기 때문이다.

시간은 곧 삶이다. 삶을 욕망과 재능에 투자하는 것만큼 확실한 투자는 없다. 다른 사람의 욕망과 재능에 돈과 시간을 투자 하지 말고, 자신의 욕망과 재능에 투자하라고 조언한다. 그렇게 하기 위해 우리는 무미건조한 어제의 나와 삶과 결별해야 하고, 흥분이 있는 새로운 삶을 시작해야 하는 것이다. 그리고 그렇게 할 수 있는 방법으로 제시하는 것이 '잘 할 수 있는 일' 즉 재능과 '하고 싶은 일' 인 욕망을 잘 연결시키는 새로운 통합된 비전을 가져보라고 하는 것이다.

이 책은 무엇보다도 우리의 삶을 도태되게 하고, 발전과 성장을 가로막고, 시간을 낭비하게 만드는 것은 낯설고 어려운 것들이 아니라 오히려 너무나 익숙해져 버린 것들임을 깨닫게 해준다. 우리에게 가장 익숙해져 버린 것이라고 하면 평생직장의 개념일 것이다. 좋은 직장에 취직만 하게 되면 먹고 사는 문제를 해결할 수 있다는 익숙한 개념에서 우리는 벗어나야 한다.

이러한 익숙한 개념에서 벗어날 때 우리는 직장인에서 경영인으로 탈바꿈을 할 수 있게 된다. 조금은 낯설고 어렵게 느껴진다고 해도 스스로 자신의 삶과 일을 경영하고 관리하는 1인 기업의 경영인으로 살아갈 때 우리는 더 큰 성장과 발전을 할 수 있게 된다.

우리가 또 한 가지 익숙한 개념은 점진주의일 것이다. 과거의 것을 계속해서 하면서 조금씩 바꾸어 가고자 하는 것이다. 이러한 점진주의는 절대로 개혁과 혁명을 이루어 낼 수 없다.

그런 점에서 점진주의는 개혁과 혁명의 적이며 장애물인 것이다. 개혁과 혁명은 과거와의 단절, 익숙한 것들과의 결별을 요구한다. 그렇기 때문에 개혁과 혁명은 낯설고 어려운 것이다. 또한 그것은 창조적 파괴를 전제로 한다.

그래서 개혁과 혁명은 과거의 익숙한 것들이

모두 파괴된 새로운 백지 위에 처음부터 새롭게 그림을 그리는 것을 의미한다. 그런 점에서 새로운 인생을 꿈꾸는 사람들은 모두 익숙한 것으로부터 결별과 단절을 선언해야 하고, 실행해야 할 필요가 있는 것이다.

모든 사람은 행복을 추구한다. 여기에 예외는 없다. 행복을 추구하는 방법은 저마다 다를지라도 모두 한 지점을 향하고 있다. 전쟁을 일으키는 사람이나 그것을 막는 사람이나 모두 행복의 소망에서 출발한다.

– 파스칼 –

사람을 움직이는 건 뇌 호르몬이다.

< 세로토닌하라! >

_ 이시형

" 완전히 탈진하기 전에 쉬어갈 수 있는 용기를 내야 한다. 쉬는 데에도 용기란 말을 써야만 하는 우리 형편이 딱하다. 우리는 정말이지 쉴 줄 모른다. 죽어라 달리기만 한다. 해도 해도 끝이 없다. 몸이 쉬라고 신호를 보내는데도 우리는 강행군이다. 그땐 몸이 우리를 쉬게 한다. 드디어 병원 신세. 그제야 정신이 번쩍 든다. 늦긴 했지만 한국인의 미련증을 고치는 데는 이 방법밖에 없다. 응급실에 실려 가서야 제정신이 든

다. 이게 개체 보존의 본능이다." < 61쪽 >

이 책의 저자는 자신의 오랜 정신과 경험에서 얻어진 결론을 한 마디로 요약한다.

" 성격이 운명을 결정한다."

순간의 충동을 못 참아 주먹질 한 번 한 것으로 인생의 흐름이 완전히 바뀐 사람이 있고, 법적인 문제를 일으키지는 않더라도 일상에서 성격 탓에 손해 보는 사람들이 적지 않고, 아무것도 아닌 일에 불평불만이 많은 사람, 까다로운 성격, 피해망상증, 의심증, 집중하지 못 하는 성격 등을 가진 사람들도 있다. 이러한 성격의 차이는 결국 인간관계와 업무 성과로 이어지게 된다.

날마다 동료들과 이웃들과 다투고 싸우는 사람이 행복할 수 있을까? 이런 사람이 좋은 업무 성과를 낼 수 있을까? 결국 성공도 성격이 만드는 것이라는 저자의 말은 매우 신빙성이 있다.

이 책의 저자는 성공하는 성격의 특징은 대체로 다음과 같다고 결론을 내린다.

미래 지향적이고 도전적이고 집념이 강하면서도 유연성이 있고 주의 집중을 잘하고 창의적이고 열정적이고 매사에 감사하며 밝고 긍정적이며 자기 절제나 조절을 잘 하는 사람들은 사회적으로 성공하지 못 한다면 그것은 천재지변 아니면 운명일 수밖에 없다고 한다.

이 책의 저자는 성격은 타고난다는 사실을 부인하지 않는다. 하지만 후천적 노력으로 개선될 수도 있다는 사실도 부인하지 않는다. 그래서 이 책은 우리로 하여금 자신에게 지쳤을 때 새로운 활기찬 자신을 만들어 니갈 수 있는 방법을 제시하여 성격을 바꿀 수 있도록 도와주는 책이다.

우리가 알고 있는 행복 물질인 엔도르핀은 중독성이 있기 때문에 행복 물질이라고 할 수 없다고 이 책의 저자는 주장한다. 엔도르핀은 계속 더 큰 것, 더 오래, 더 자주를 요구하며 절제할 수 없는 극도의 삶으로 유도한다는 점에서 부작용이 있다. 하지만 세로토닌은 차분하고 가늘고 부드러운 기분을 유도하며 모든 중독 증상이 세로토닌이 부족해서 발생하는 것이기 때문에 세로토닌이 많을 경우 마약이나 도박 술 등에 중독되지 않을 수 있다.

"행복 물질은 엔도르핀이 아니고 세로토닌이다. 연인들이 뜨거운 포옹을 하는 그 격정적인 순간은 환희이지 행복은 아니다. 포옹이 끝나고 숨을 고른 후 햇볕 잘 드는 창가에서 두 손을 잡고 서로 마주 보는 순간, 그제야 아련히 밀려오는 기분, 그게 행복이다. 행복의 물결은 너무 가늘고 부드러워서 차분하지 않으면 느낄 수 없다. 이제라도 곧 부서질 것 같은 가벼운 불안과 함께 오는 게 행복의 본질이다. 실제로 사랑이 깨지기 쉬운 것도 그래서다. 사랑과 행복은 우리 삶에 생기와 의욕을 가져다준다. 온통 세상이 핑크 빛이다. 가벼운 설렘과 흥분, 이게 세로토닌 상태다." < 43쪽 >

도파민과 엔도르핀 시스템의 함정이 바로 산업시대 한국 사회의 모습이라고 이 책의 저자는 말한다. 경쟁에서 노력해서 승리하면 짜릿한 보상이 따라 온다는 것이다. 결국 이러한 경쟁의 짜릿한 쾌감에 중독이 된 사회가 되어 버린 것이다. 그래서 앞도 보지 않고 질주를 하는 사회가 되었던 것이다. 가족들과의 소소한 행복한 시간은 도파민과 엔도르핀의 보상 시스템이 주는 짜릿함 쾌감에 비하면 너무나 시시하고 재미없는 것이 되어 버리는 것이다.

이러한 도파민과 엔도르핀 시스템의 최악의 단점은 끝이 없고 정상이 없다는 것이다. 계속해서 더 높이, 더 빨리, 더 강하게, 더 멀리, 더 많이 달려야만 쾌감을 얻을 수 있다는 것이다. 결국 자신의 몸을 혹사하고, 가족과 친구를 희생시키고, 인생이 기형적으로 되어 버리는 것이다.

이 책의 저자는 우리가 무조건 열심히만 하고 강하게만 하는 이러한 도파민과 엔도르핀 시스템의 함정에서 벗어나, 창조하고, 변화하고, 쉬어가고, 감사하고, 베풀고, 나누고, 생각하고, 산책하게 하는 세로토닌의 시스템으로 나아가라고 조언해 준다.

“ 다른 대안이 없다. 끊임없는 창조적 변신만이 발전, 생존의 비결이다. 이 변화무쌍한 시대에 개인도 물론 예외가 아니다. 피카소가 왜 피카소인가? 창조적 변신의 명수이기 때문이다. 그의 초창기 작품도 모두 세계적 명품이다. 하지만 그는 여기에 만족하지 않고 끊임없이 변신에 변신을 거듭해 왔다. 그래서 피카소다. 한국 화단에는 잘나간다고 계속 같은 화풍을 고집하는 작가가 적지 않다. 사람들은 매너리즘에 빠졌다고 빈정댄다. 교수도 마찬가지, 낡은 강의록을 들고 강단에 섰다간 당장 쫓겨난다. 요즘 학생들이 얼마나 깨어 있는데. ‘불확실의 시대, 우리가 할 수 있는 일은 창조적 변신뿐이다.’ 나는 이 말이 좋다. 기억하라. 지구상에 멸종하지 않고 오늘까지 생존해 온 종은 결코 강해서가 아니다. 환경의 변화를 수용하고 거기

에 잘 적응해 왔기 때문이다." < 56 ~ 57쪽 >

완전히 탈진하기 전에 쉬어 갈 수 있는 용기를 내야 한다고 이 책의 저자는 말한다. 쉼 속에 창조의 물꼬가 트일 수 있기 때문이다. 무조건 열심히 바쁘게 살아 갈 때 창조성은 발휘되지 않는다. 창조성뿐만 아니라 무조건 열심히 바쁘게 살아 갈 때 병원 신세를 져야 할 만큼 몸과 마음이 약해지고 온갖 병에 걸릴 수도 있게 된다. 그래서 병원 신세를 한 번 지고 나서야 제정신이 번쩍 든다. 그나마 회복 가능한 정도이면 천만다행이다.

40대 과로사가 한국 사회가 엄청니게 많은 것이 도파민과 엔도르핀의 쾌감 시스템에 길들여졌기 때문이다.

" 완전히 탈진하기 전에 쉬어갈 수 있는 용기를 내야 한다. 쉬는 데에도 용기란 말을 써야만 하는 우리 형편이 딱하다. 우리는 정말이지 쉴 줄 모른다. 죽어라 달리기만 한다. 해도 해도 끝이 없다. 몸이 쉬라고 신호를 보내는데도 우리는 강행군이다. 그땐 몸이 우리를 쉬게 한다. 드디어 병원 신세. 그제야 정신이 번쩍 든다. 늦긴 했지만 한국인의 미련증을 고치는 데는 이 방법밖에 없다. 응급실에 실려 가서야 제정신이 든다. 이게 개체 보존의 본능이다." < 61쪽 >

그렇다면 우리의 성격을 이렇게 창조적으로, 느긋하게, 여유 있게 바꾸는 데 필요한 세로토닌을 어떻게 해야 활성화 시킬 수 있는 것일까? 이 책의 저자는 전두엽을 잘 관리하는 것이 세로토닌 활성화와 직결된다고 말한다. 그리고 전두엽 관리 수칙 제1조로 '감동하라' 고 우리에게 조언해 준다.

" 전두엽이 긍정적인 상태로 조율되면 일상의 작은 일에도 쉽게 감동한다. 감동을 느끼면 세로토닌이 분비된다. 그 역도 성립된다. 세로토닌이 적정 수준이면 작은 일에도 쉽게 감동, 절도 전두엽이 긍정적인 쪽으로 조율된다. 반대로 세로토닌이 결핍되면 미움, 공격, 폭력 그리고 걷잡을 수 없는 중독 상태로 빠져든다. 이럴 때 전두엽은 완전히 부정적인 쪽으로 기운다. 세로토닌 부족은 우울증을 부르고, 사람을 자살로 몰고 갈 수도 있다." < 76쪽 >

결국 자살률 1위인 한국 사회에 가장 필요한 것은 세로토닌하는 것이다. 미움, 공격, 폭력 적인 성향이 강한 사람에게 필요한 것도 세로토닌이고, 우울증 환자에게 필요한 것도 세로토닌이다. 산만하고 주의 집중이 안 되는 사람에게 가장 필요한 것도 세로토닌이다. 절제하지 못 하고 극도로 불안하고 분노를 잘 느끼는 사람에게 가장 필요한 것도 바로 세로토닌이다.

우리 사회는 한강의 기적을 이룩했다. 고도 압축 성장을 통해 우리는 잘 살게 되었다. 하지만 이제는 그러한 고도 압축 성장이 남긴 상처인 공격성과 스포츠와 경쟁에 열광하는 엔도르핀 과잉 상태에서 벗어나 차분하고 합리적인 세로토닌 문화 시대를 열어 가야 한다. 그러한 엔도르핀 과잉 상태는 우리를 점점 더 행복하게 해주는 것이 아니라 가지면 가질수록 더 허탈하게 만들고 더 집착하게 만들 뿐이다. 우리 사회가 극단으로 폭주하는 것은 도파민과 엔도르핀 과잉에 우리가 길들여졌기 때문이다.

이러한 개인과 사회에 이 책의 저자는 지금 이 시대가 요구하는 인간상은 세로토닌형이라고 결론을 짓는다.

“ 결론은 자명하다. 지금 시대가 요구하는 인간상은 세로토닌형이다. 세로토닌적 삶을 살아가는 사람이다. 대체 어떤 사람이 세로토닌적 사람일까? 뒤에서 자세히 설명하겠지만 세로토닌의 3대 기능을 생각하면 쉽게 답이 나온다. 첫째. 공격성과 중독성을 잘 조절해 평상심을 유지하는 사람. 둘째, 주의 집중과 기억력 향상으로 창조적인 사람. 셋째, 생기발랄하고 의욕적인 행복한 사람. ” < 118쪽 >

우리가 자신에게 지쳤다면 세로토닌이 결핍되

었기 때문이라고 말할 수 있는 이유가 바로 이것이다. 지금부터 이 책을 통해 세로토닌형 인간으로 자신을 개조시킨다면 어제보다 나은 자신을 만날 수 있게 될 것이다.

승자는 문제 속에 뛰어 든다.

패자는 문제의 변두리에서만 맴돈다.

– 빅토르 위고 –

천재는 타고나는 것이 아니라 만들어진다.

< 열정과 기질 >

_ 하워드 가드너

" 어느 분야의 전문 지식에 정통하려면 아무리 열광적으로 몰두했더라도 최소한 10년 정도는 꾸준히 노력해야 한다. 창조적인 도약을 이루기 위해서는 자기 분야에서 통용되는 지식에 통달해야 한다. 바로 이런 이유에서 10년 정도의 꾸준한 노력이 선행되지 않으면 의미 있는 도약을 이룰 수가 없다. 흔히 모차르트는 이 규칙이 적용되지 않는 예외라고 말하지만, 그 역시 10년간 수많은 곡을 쓴 다음에야 훌륭한 음

악을 연거푸 내놓을 수 있었다.”　< 79쪽 >

과연 천재들은 타고나는 것일까? 아니면 후천적인 노력으로 인해 만들어지는 것일까? 필자는 후자라고 생각한다. 그리고 이 책의 저자는 바로 그러한 질문에 대해 좋은 해답이 될 수 있는 창조적 거장들의 생애를 통해 그들이 어떻게 천재로 도약을 할 수 있게 되었는가를 밝혀놓은 책을 썼던 것이다.

이 책에서 소개되는 일곱 명의 창조적 천재들도 모두 혁신적이고 위대한 업적을 이루기 전에 최소한 10년 정도의 수련기를 거쳐야 했다고 이 책의 저자는 확실하게 밝히고 있다. 이 중에는 더 오랜 세월의 노력이 필요했던 인물도 있다. 하지만 대다수는 10년 정도의 수련을 통해 도약을 하였다는 사실은 10년 법칙과 일맥상통한 주장이다.

이 세상에는 공짜 점심이란 없듯이, 이들이 모두 창조적인 거장으로 도약하기 위해서는 일종의 파우스트적 거래를 했다고 한다. 이들은 창조적인 천재가 되기 위해서, 즉 자신이 하는 일을 통해 최고의 작품을 만들어 내거나 최고의 공연이나 연구 결과를 만들어 내기 위해서 모든 것을 희생하고자 했다는 것이다. 그래서 이러한 계약의 성격은 조금씩 다를 수 있지만 프로이트와 엘리엇, 간디 등은 금욕적인 삶을 실천했고, 아인슈타인과 그레이엄은 다른 사람들과의 관계를 끊고 스스로 고립을 자초했다고 한다.

이 책의 저자는 첫 번째 창조적 거장으로 정신분석학의 거장인 지그문트 프로이트의 창조적 도약에 대해 밝힌다. 놀라운 사실은 프로이트 역시 정확히 10년 법칙에 적용되는 후천적으로 만들어진 천재라는 사실이다.

" 앞에서 언급한 대로 나는 창조적인 인물에 관해 연구하면서 '10년 규칙' 을 발견했다. 즉, 창조적인 인물은 한 분야에서 10년 정도 종사한 후에 혁신적인 도약을 이루어내며, 이후에는 다양한 요인에 따라 새로운 도약을 이루어내기도 하고 그렇지 않기도 한다. 프로이트는 이 규칙의 첫 부분에 정확히 들어맞는다. [꿈의 해석]은 그가 샤르코의 임상교실에서 견습 생활을 시작한 지 거의 정확히 10년 만에 탄생한 업적이다. 물을 것도 없이 프로이트의 창조성은 이후 수십 년 동안에도 지속적으로 발휘되었다. 이 점에서 그는 과학자인 아인슈타인보다 피카소와 스트라빈스키, 그레이엄과 같은 예술가와 더 비슷하다. 새로운 성과물이 정확히 10년 간격을 두고 나오는지 여부는 다소 의문의 여지가 있다. 하지만 프로이트는 1910년 무렵에 사회적 문제로 관심사를 확대했고, 1920년대와 1930년대에는 정치와 문화를 본격적으로 다루었다." < 161쪽 >

두 번째 창조적 거장인 알베르트 아인슈타인도 역시 다른 천재들과 마찬가지로 성숙한 사고를 할 때 까지는 발달 단계를 거쳐야 했다고 한다. 신동이라고 해서 10년 정도의 수련 기간을 생략해도 되는 것은 아니었다. 그가 처음 발표한 논문들은 주요 물리학 잡지에 금방 게재되긴 했지만, 그렇다고 수준이 특별히 뛰어난 편은 아니다.

이러한 사실은 세 번째 창조적 거장으로 소개되는 미술의 신동, 천재 화가로 불리는 파블로 피카소에게도 그대로 나타난다. 우리들은 보통 피카소는 천재적인 재능을 타고났기 때문에 힘들이지 않고 다른 화가들을 능가하는 그림을 어렸을 때부터 그렸다고 생각한다. 하지만 그도 역시 10년 정도의 수련 기간을 통해 도약한 천재 중 한 명에 불과했다는 것이다. 피카소는 자신의 초기 작품들에 대해 다음과 같은 말을 한 적이 있는데, 이 말을 토대로 볼 때 피카소도 역시 디고난 천재가 아닌 노력에 의해 만들어진 천재라는 사실을 확실하게 알 수 있다.

" 음악과 달리, 회화 분야의 신동은 없습니다. 어린 천재란 그저 유년기의 천재일 뿐이지요. 나이가 좀 더 들면 아무 흔적도 남기지 않고 사라집니다. 그런 아이도 미술가가 될 수는 있지만, 처음부터 다시 시작해야 합니다. 가령, 나는 천재가 아니었습니다. 내가 처음 그린 그림은 아동 전시회에서도 걸리지 못했어요. 아이다운 천진성이나 소박함이 없었던 거지요. …….. 어린 시절에 나는 그저 아카데미 화풍에 따라 그림을 그렸는데, 지금 보면 충격을 받을 정도로 거의 똑같이 베끼다시피 했더군요." < 262 ~ 263쪽 >

피카소가 신동이 아니었다는 사실에 대해 이 책의 저자 역시 다음과 같이 표현한다.

" 흔히들 피카소는 힘들이지 않고 주변의 다른 화가들을 능가한 그림 신동이었다고 얘기한다. 최근에 예리한 통찰력을 지닌 피카소의 전기 작가 존 리처드슨은 이런 통념을 공박했다. 그는 피카소가 일찍부터 남다른 재능을 보인 사실은 인정했지만 비범한 수준은 아니었다고 느꼈고, 화가로서 성공하기 위해 많이 노력해야 했다는 사실을 강조했다. 리처드슨은 " 피카소가 모차르트와 같은 몇몇 작곡가들과 달리, 위대한 화가들은 사춘기 이전에 진지한 주목에 부응하는 작품을 내놓지 못했다는 규칙에 그대로 해당되는 듯하다 "고 보았다. 그는 또한 학교 공부는 서툴렀지만 일찍이 그림에 두각을 보였다는 피카소에 관한 신화에도 의문을 제기했다. 피카소 자신과 그의 성인전(聖人傳) 작가들이 어린 천재를 부당할 정도로 추켜세우며 영웅적인 언어로 묘사하려는 강박증을 보였다는 것이다." < 262쪽 >

이 책에는 이들 외에도 이고르 스트라빈스키, T.S. 엘리엇, 마사 그레이엄, 마하트마 간디의 생애와 창조성에 대해서 자세하게 소개된다. 이들 각자의 생애와 모습과 창조성이 발현된 분야는 다 다르다 할지라도 이들 모두에게는 공통적인 인생 패턴을 발견해 낼 수 있다. 앞에서 언급했던 창조성의 10년 규칙이다.

" 정당한 근거 없이 숫자의 마술을 부릴 생각이 없었음에도 본 연구를 수행하는 과정에서 나는 창조성의 10년 규칙을 발견했다. 일곱 명의 창조적인 인물들은 물론 분야마다 약간씩 기간은 달라도 대략 10년을 사이에 두고 창조적인 도약을 이루었다. 인지 심리학 계통의 연구를 통해 알려진 바와 같이 한 사람이 어느 분야를 기본적으로 통달하는 데 필요한 기간은 대략 10년 정도이다. 피카소처럼 네 살에 시작하면 10대에 거장이 될 수 있고, 10대 후반에 창조의 노력을 시작한 스트라빈스키와 같은 작곡가와 그레이엄과 같은 무용가는 20대 후반이 되어서야 비로소 창조성의 본 궤도에 올라선다."
< 637쪽 >

이 책의 주장은 너무나 명확하다. 일곱 명의 천재가 모두 10년 동안의 견습 기간을 거쳐야만 중대한 혁신을 이룰 수 있었다는 것이다. 즉 천재들에게도 피나는 노력과 훈련의 시기가 반드시 있어야만 했다는 사실이다. 필자가 말하고 싶은 것도 바로 이러한 사실이다.

우리가 우리 자신에게 지쳤다면 그것은 무능했기 때문일 것이다. 하지만 이 책에서 소개된 세계적인 천재들조차 10년 동안 혹독한 수련의 기간을 묵묵히 참아내고 자신의 발전과 성장을 위해 한 길만을 걸어갔다는 사실을 명심해야 할 것이다.

이것보다 더 심한 경우도 비일비재하다는 사실을 아는가? 러시아의 대문호 도스토예프스키는 20년 넘게 글을 써 왔지만 평론가들로부터 ‘너저분하게 쌓인 잡동사니 같은 글만 쓴다’라는 평가를 받을 정도로 도약을 하는 데 남들보다 두세 배 많은 세월이 걸렸다.

20년 동안 한 분야에서 무엇인가를 해 봤는가? 그리고 20년 넘게 해 봤는데도 주위사람들이 가망이 없다고 말하는가? 그러한 말을 들었다 해도 자기 자신에게 지치지 말라. 그러한 말을 듣고도 지치지 않고 포기하지 않고 묵묵히 자신의 길을 간 사람이 있기 때문이다. 바로 도스토예프스키이다. 그렇기 때문에 당신도 묵묵히 자신의 길을 가도 좋을 것 같다.

도스토예프스키가 20년 넘게 글을 썼음에도

그 어떤 희망도 보이지 않아서 그때 포기했다면, 인류 문학사에 길이 남는 위대한 업적인 <죄와 벌> < 카라마조프가의 형제들>이란 명작은 세상에 존재 하지 않았을 것이기 때문이다.

‘남들과 다르다’는 이유만으로 꼭 필요한 사람이 되는 것은 아니다. 하지만 꼭 필요한 사람이 되는 유일한 방법은 남들과 달라지는 것이다. 남들과 다를 것이 없다면, 무수한 사람들 중 한 명일 뿐이기 때문이다.‘ – 세스 고딘 –

우리는 모두 천재이며, 우리의 삶은 예술이다.

< 린치핀 >

_ 세스 고딘

" 우리 주변은 고지식한 관료, 받아 적기만 하는 사람, 문자 그대로 해석하는 사람, 지침 신봉자, 주말만 기다리는 노동자, 주어진 길만 가는 사람, 해고를 두려워하는 직장인들로 가득하다. 문제는 이들이 모두 고통 속에서 살아간다는 것이다. 그들의 고통은 무시와 낮은 보상, 해고, 스트레스에서 비롯된다." < 19쪽 >

게임의 룰이 바뀌고 있다. 그리고 당신이 자신에게 지친 이유 중에 하나는 이러한 바뀌고 있는 게임의 룰을 잘 모르기 때문인지도 모른다. 이제 이 사회는 고분고분 말잘 듣는 무리는 필요하지 않고 도움도 되지 않는 다. 세상이 원하는 사람은 한 마디로 '대체 불가능한 사람' 이다.

" 우리가 원하는 사람, 우리에게 필요한 사람은 '대체 불가능한' 사람이다. 독창적인 사상가, 선동가, 우리를 돌봐줄 사람이 필요하다. 조직을 이끌 수 있는 마케터, 위험을 무릅쓰고 인간관계를 만들어내는 영업사원, 꼭 필요한 일이라면 사람들에게 미움 받는 일이라도 기꺼이 감수할 수 있는 열정적인 체인지 메이커(change maker) 가 필요하다. 어떤 조직이든 이 모든 것을 함께 몰고 올 수 있는 사람, 차이를 만들어 낼 수 있는 사람을 원한다. 바로 린치핀이다."
< 20쪽 >

세계적으로 가장 '리마커블' 한 경영 구루인

이 책의 저자는 우리가 평범함에 안주하게 된 이유와 그 배경에 대해 설명해 주면서, 이제는 더 이상 그러한 것을 쫓아갈 수 없음을 강조한다. 한 마디로 이제는 없어서는 안 되는 대체 불가능한 절대로 평범하지 않는 존재가 되어야 한다고 말한다.

이 책의 저자는 '평범함' 이란, 좋은 물건이 되려고 했으나 실패한 것을 가리킬 뿐이라고 말한다. 그리고 평범할수록 사람들이 붐비는 아래쪽 일들을 하게 된다고 말한다. 채집, 사냥, 경작, 생산, 판매, 관계, 창조/발명의 순으로 서열을 매긴다. 그래서 채집은 누구나 할 수 있는 일이다. 하지만 바로 그런 이유 때문에 열심히 일해도 너무나 적은 돈밖에 벌지 못 한다는 것이다. 반대로 가치 서열이 높아져서 창조와 같은 일로 올라 갈수록 할 수 있는 사람이 적어지고, 바로 그런 이유로 일은 붐비지도 않고, 쉬워지고, 돈은 엄청나게 많이 벌 수 있다고 한다.

린치핀이 되라고 하는 것은 바로 가치 서열이

높은 일을 할 수 있는 사람이 되라는 것과 같은 말이다. 또 다른 말로 린치핀이 된다는 것은 평균, 평범함에서 벗어나는 것을 의미한다. 좀 더 다른 표현으로 말하자면, 리마커블해지라는 것이다.

"성공하는 유일한 길은 남들보다 '리마커블' 해지는 것이다. 사람들 사이에 회자되는 것이다. 하지만 어떤 사람에 대해 이야기할 때 사람들은 무엇을 말할까? 제품처럼 기능이나 장점에 대해 이야기하지 않을 것이다. 입소문 전략도 통하지 않는다. 한 개인에 대해 이야기할 때 우리는 그들이 누구인지 이야기하지 않고 무슨 일을 하는지 이야기한다.

'남들과 다르다' 는 이유만으로 꼭 필요한 사람이 되는 것은 아니다. 하지만 꼭 필요한 사람이 되는 유일한 방법은 남들과 달라지는 것이다. 남들과 다를 것이 없다면, 무수한 사람들 중 한 명일 뿐이기 때문이다. 자신의 가치에 걸맞은 것을 얻고 싶다면 무조건 튀어야 한다. 감정노동을 해야 한다. 꼭 필요한 사람처럼 보여야 한다. 조직이든 사람이든 깊이 관심을 가질 수 밖에 없는 상호작용을 만들어내 자신을 알려야 한다. " < 47쪽 >

우리는 우리 자신에게 지쳤다고 생각하기 보다는 우리의 평범함에 더 지쳤는지도 모른다. 그리고 그것은 이 세상이 우리에게 지치는 이유이기도 하다. 우리가 남과 달라질수록 이 세상도, 우리 자신도 덜 지치게 될 뿐만 아니라 열광하게 만들 수도 있다는 사실을 이 책을 통해 우리는 배울 수 있다. 그렇다면 뛰어난 사람, 남과 다른 사람이 되는 법은 무엇일까? 우리는 왜 지금까지 평범하게 남과 똑같이 살아 왔던 것일까?

그 이유에 대해 이 책의 저자는 우리가 학교와 사회 시스템에 의해 우리 자신이 평범한 사람이라고 세뇌를 당했기 때문이라고 말한다. 그리고 또 한 가지 이유로는 우리 내면에 도사리고 있는 안전을 선호하는 본능 때문이라고 한다.

" 우리가 평범함에서 벗어나지 못하는 이유로 다음 두 가지를 들 수 있다.

1. 학교와 시스템에 의해 세뇌당했다. 직장일이 곧 내 일이고, 규칙을 지키는 것이 내 일이라고 믿게 되었다. 하지만 그런 시스템은 더 이상 작동하지 않는다.

2. 모든 사람들의 마음속에는 겁에 질린 화난 목소리가 끊임없이 소리친다. 도마뱀뇌가 저항하는 목소리다. 평범해지라고 그래서 안전을 지키라고 말한다. " < 11쪽 >

즉 우리는 우리 사회가 제시하는 모범을 내면화했던 것이다. 그것이 안전한 길이라고 말이다. 모험과 도전보다는 안전하고 편하고 쉬운 길을 선택하고자 하는 내면의 본능 때문이기도 하다. 그러한 본능을 이끄는 것은 우리의 특별한 재능을 두려워하는 도마뱀뇌라고 이 책의 저자는 밝힌다.

우리는 모두 천재이지만, 학교와 사회 시스템은 우리들에게 튀지 말고 순응하라고 가르친다. 우리가 우리의 재능을 발휘하면서 튀게 되면 모든 비난과 공격을 당하게 될 것이라고 우리에게 두려움을 가르친다. 그래서 자신을 사회의 표준에 끼워 맞추고, 시키는 일만 고분고분 하면 더 이상 괴롭힘을 당하지 않고 쉽게 살아 갈 수 있다고 우리를 길들이는 것이다.

이 책의 저자는 우리는 모두 선물이며, 또한 우리의 예술도 선물이라고 한다. 그렇기 때문에 우리 안에 잠든 천재성을 깨우고, 린치핀이 되어야 한다고 주장한다. 우리 모두는 천재라고 말한다. 이 책은 우리에게 우리가 천재였다는 사실을 말해주는 책이다. 그리고 우리가 빼앗겼던 그 천재성을 다시 되찾아 천재가 되고, 예술가가 되도록 조력해 주는 책이다.

" 사람은 누구나 적어도 한 번은 천재였던 적이 있다. 누구나 한 번은 어려운 상황을 헤쳐 나올 수 있는 날개를 찾고 발명하고 창조했다. 그런 일을 한 번 해냈다면, 또다시 할 수 있다.

예술은, 적어도 내가 정의한 예술은, 자신의 인간성을 활용하여 다른 사람의 변화를 이끌어내고자 하는 의도적인 행동이다. 예술을 어떻게 할 것인지, 어디서 할 것인지 결정하는 일은 자신이 처한 문화적인 환경에 따라 달라진다. 1000년 전에는 아무도 소설을 쓰지 않았다. 30년 전에는 아무도 동영상을 만들지 않았다. 3년 전에는 아무도 트위터로 시를 쓰지 않았다. “ < 149쪽 >

우리가 린치핀이 되는 것을 지금까지 방해한 최고의 적은 두려움이다. 두려움을 극복하고 넘어설 수 있어야 진정한 예술가가 될 수 있다. 두려움을 넘어서는 자신을 만나게 된다면 더 이상 지치는 일은 없을 것이다. 두려움을 극복하는 길은 도마뱀뇌에 저항하는 것이다. 세상에 순응하지 않는 것이다. 불편함을 자처하는 것이다. 규칙을 깨고, 자유를 추구하는 것이다. 당신은 이러한 삶을 살아야 한다. 그것이 진정한 린치핀의 되는 길이기 때문이다.

아직 프로그램이 완벽하지 않아서 시장에 출시할 수 없다고 엔지니어들이 고집을 부리자 스티브 잡스는 이렇게 말한 적이 있다.

" 진정한 예술가는 끝낼 줄 안다."

그의 말처럼 진정한 당신은 두려움을 극복할 줄 알 것이라고 생각한다. 이 책을 통해 당신은 두려움을 극복하고 내면에 숨겨진 천재성을 발견해 낼 수 있을 것이라고 또한 생각한다. 이것이 필자가 자신에게 지친 당신에게 이 책을 추천하는 이유이다.

랄프 왈도 에머슨은 우리가 천재성을 발휘하지 못 하는 이유는 일상적인 삶을 사는 데 너무 많은 시간을 사용하기 때문이라고 다음과 같이 말한 적이 있다.

" 우리는 일상적인 일을 준비하고, 처리하고,

과거를 회상하는 데 너무 많은 시간을 보낸다. 그래서 개개인이 소유한 천재성을 발휘하는 데 투자하는 시간은 고작 몇 시간에 불과하다."

그의 말처럼 우리는 너무 일상적인 것, 평범한 것에 집중하느라 탁월한 것, 비범한 것에 집중할 시간과 마음을 빼앗기게 되어 버린 것이다. 우리가 천재로 거듭나고, 우리의 삶을 예술로 만들기 위해서는 탁월하고 비범한 것에 더 많이 집중하는 습관을 들여야 하고, 천재성을 발휘하는 데 더 많은 시간을 투자해야 한다. 그렇게 한다면 우리 모두는 잃어버린 천재성을 되찾을 수 있을 것이다.

에필로그 _ 책은 삶의 특권이며 최고의 사치이며 향락이다.

‘ 인생을 바꾸는 것은 재능이 아니라 독서이다. ’

빌 게이츠, 워렌 버핏, 오프라 윈프리, 스티브 잡스, 손 정의, 조지 소로스, 마오쩌둥, 존 스튜어트 밀, 세종 대왕, 나폴레옹 의 공통점은 독서가 그들의 삶을 도약시켜 놓았다는 것이다.

이들은 모두 남들보다 훨씬 더 많은 독서를 한 사람들이다. 그리고 그 결과 평범한 사람들보다 훨씬 더 많은 업적을 달성해 낸 사람들이다.

모든 성공은 자기 자신에게서 비롯된다. 그리고 그 자신은 자기가 읽은 것에 의해서 완성된다. 결국 모든 성공은 자신이 읽은 것을 통해 비롯되는 것이다.

독서를 한다는 것은 삶의 특권이다.

독서만큼 경제적인 것은 없기 때문이다. 독서만큼 쉽고 편하면서 최대의 효과를 가져다주는 것은 없기 때문이다. 독서만큼 우리에게 많은 생각의 재료를 주는 것은 없다. 독서만큼 우리의 삶을 풍요롭게 해 주고 윤택하게 해 주는 것은 없기 때문이다. 독서만큼 우리 자신을 도약하게 해 주는 것도 이 세상에는 없기 때문이다. 독서만큼 이 세상을 통찰할 수 있는 안목을 제공해 주는 것도 없기 때문이다. 독서만큼 우리에게 기쁨과 위안을 주는 것은 없기 때문이다.

누군가 만들어놓은 길을 가는 것은 쉽다. 하지

만 그 길은 망하는 길이다. 아무도 만들어 놓지 않은 새로운 길을 우리는 가야 한다. 하지만 그 길은 매우 힘들고 어렵다. 그래서 독서가 필요한 것이다. 많은 책을 통해 우리는 의식과 사고를 도약시켜야 하고, 그 결과 자신만의 새로운 길을 개척할 수 있다. 그리고 그 길은 성공하고 번영하는 길이 되는 것이다.

우리를 최고의 자리로 이끄는 것은 무조건 열심히 일하는 것이 아니다. 우리를 최고의 자리로 이끄는 것을 자신에게 가장 맞는 올바른 일을 선택하고, 그 일을 가장 현명하고 효율적으로 하는 것에서 비롯된다. 이러한 올바른 일과 올바른 방법을 발견하고 찾아내기 위해서 우리에게 필요한 것은 바로 독서이다. 독서를 통해 우리를 찾을 수 있고, 세상을 내다볼 수 있게 되기 때문이다.

독서를 한다는 것은 최고의 사치이며, 향락이다.

이 세상에서 독서만큼 우리에게 중독을 일으키는 것도 없다. 독서의 맛을 제대로 경험한 사람들은 자신의 아내를 팔아서 책을 사고, 자신의 집을 팔아서 책을 산다. 독서에 한 번 제대로 중독된 사람은 밥을 먹으면서도 책을 손에서 놓을 수 없고, 다니던 직장을 포기하고서라도 책을 읽어야만 한다. 독서에 중독된 사람들은 먹을 쌀이 없어도 돈이 생기기만 하면 밥을 사 먹는 것이 아니라 책을 산다. 이것이 바로 책의 중독성이다.

책이 이렇게 중독성이 강한 이유는 무엇일까? 그것은 바로 책은 최고의 사치이며 향락이기 때문이다. 과거에는 책을 읽을 수 있었던 신분은 왕이나 귀족이나 선비였다. 이들은 모두 선택받고 축복받은 계층이었다. 과거 한 때에는 책을 읽는 것이 금지되었고, 몇몇 특권을 부여 받은 사람만이 책을 읽을 수 있기도 했다.

많은 사람이 독서를 하지 않는 이유는 독서의 맛을 제대로 경험해 보지 못했기 때문이다. 하지만 어떤 사람이라도 독서의 맛을 제대로 한 번이라도 경험하게 되면, 그다음부터는 절대 독서의 중독에서 빠져나올 수가 없게 된다. 결국 평생 독서를 하는 삶을 살아가야 하게 되는 것이다.

필자가 백수와 전업 남편에서 작가가 될 수 있었던 것은 엄청난 양의 독서를 집중적으로 했기 때문이다. 즉 필자의 모든 경쟁력의 대부분은 3년 동안 독서에 집중적으로 투자한 노력의 결과물이라고 할 수 있다. 그래서 필자는 독서의 위력에 대해서 거의 신앙에 가까운 확신을 갖고 있다. 필자에게 새로운 인생을 열어 준 것은 다름 아닌 독서였다. 독서를 하지 않았다면 필자는 지금도 백수였을 것이고, 전업 남편으로 집안일에 매여 사는 남자였을 것이다.

독서는 삶의 최고의 특권이며, 우리가 누릴 수 있는 향락이며, 최고의 사치라고 말하는 이유가 바로 이것이다.

인생에 지쳐 길을 잃고 방황할 때 우리가 할 수

있는 최고의 선택은 또한 독서이다. 책 속에 우리의 길이 있고, 우리의 힘이 있고, 우리의 미래가 있고, 우리의 사유가 있다. 인생을 살다 보면 결정적인 순간을 맞이하게 된다. 바로 그 때 우리가 상황에 잘 들어맞는 책을 읽을 수 있다면 그것보다 더 유익한 것도 이 세상에 없을 것이다.

이 책이 많은 사람에게 유익한 지침서가 되어주는 이유 중 하나는 독서하는 방법을 제대로 알고 있는 사람들이 그렇게 많지 않다는 것이다. 평생 책을 읽었고, 심지어 책을 쓴 위대한 작가이기도 한 괴테는 이런 의미심장한 말을 남긴 적이 있다.

“ 나는 독서하는 방법을 배우기 위해서 80년이라는 세월을 바쳤는데도 아직까지 그것을 다 배웠다고 말할 수 없다.”

이처럼 독서라는 것은 우리가 생각하는 것만큼 저절로 되는 것이 아니다. 특히 좋은 책은 선택하는 방법을 배우는 것은 더더욱 어려운 기술이라고 할 수 있다. 그런 점에서 이 책은 매우 유익한 책이 될 것이다.

이 책을 통해 우리는 삶의 결정적 순간을 최고의 순간으로 만들 수 있다. 이것이 이 책의 가장 큰 유익함이다. 이 책을 통해 눈부신 미래를 펼쳐 나가기를 기원한다.

판권

초판 인쇄: 2025년 12월 20일
초판 발행: 2025년 12월 20일

펴낸이: 김병완
펴낸곳: (주) 플랫폼연구소

출판등록: 제 2020-000075호

이메일: pflab2020@naver.com

주소:서울시 강남구 삼성동 116 백우빌딩 402호

ISBN 979-11-24195-39-0(03190)

* 이 책의 전부 또는 일부 내용을 재사용하시려면 사전에 저작권자와 도서출판 (주) 플랫폼연구소의 동의를 받아야 합니다.

* 잘못된 책은 구입하신 서점에서 교환하여 드립니다.